AF359034

LES ONDINES

AU

CHAMPAGNE

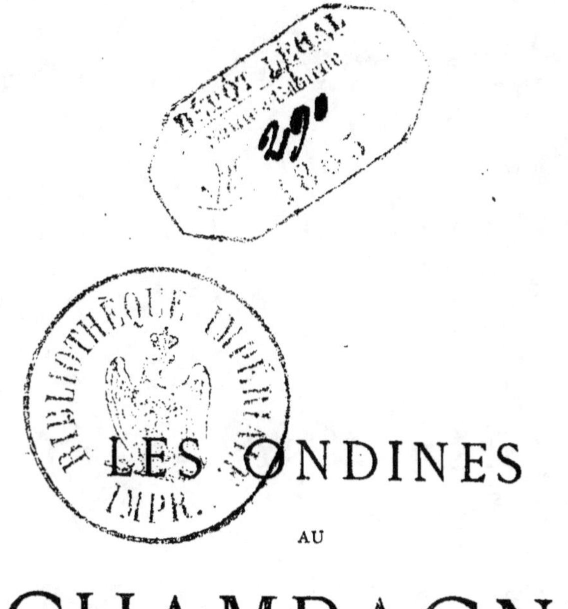

Coulommiers. — Typographie de A. MOUSSIN.

LES ONDINES

AU

CHAMPAGNE

FOLIE AQUATIQUE EN UN ACTE

DE

MM. J. PÉLISSIÉ & H. LEFEBVRE

MUSIQUE DE

M. Ch. LECOCQ

Représentée pour la première fois à Paris, sur le Théâtre des Folies-Marigny, le 5 septembre 1865.

PARIS

E. DENTU, ÉDITEUR

LIBRAIRE DE LA SOCIÉTÉ DES GENS DE LETTRES

PALAIS-ROYAL, 17 ET 19, GALERIE D'ORLÉANS.

1865

PERSONNAGES :

VENT-CONTRAIRE.	MM.	Ontrouge.
MARSOUIN		Augustin.
MOUSSAILLON.		Maxnèr.
BOUSSOLLE.		Lacombe.
CHIEN-DE-MER		Vernier.
VENT-DU-SOIR, gendarme.		
VENT-COULIS		Morain.
HYPOLLIPPE, huissier		Germain.
AIGUE-MARINE.	Mmes	M. Bariol.
COQUILLETTE		Macé-Montrouge.
FLEUR-DE-CORAIL		Maria.
MOULETTE.		Zélia
NACRÉE		Roza.
PERLETTE		Léonie.
PAILLETTE-D'OR		Marie Jolly.
TROMBINETTE		Berthe.

Pour la musique, partitions et les parties d'Orchestre, s'adresser
à M. H.-L. d'Aubel, Maison artistique, 8, rue Ollivier, à Paris.

LES ONDINES

AU

CHAMPAGNE

Le théâtre représente une grotte sous-marine. — Le fond de la grotte est à jour et laisse apercevoir, immergé sous les flots, un cable électrique qui a été brisé par le milieu. — A gauche, premier plan, une excavation dans le roc donnant sur une galerie masquée en partie par des plantes marines. — Banc de mousse et de coquillage.

SCÈNE PREMIÈRE

ONDINES, diversement groupées, paraissent accablées du plus profond ennui et bâillent à se décrocher la mâchoire.

CHOEUR.

Le roi de cet humide empire,
Se montre, nous devons le dire,
Pour nous sans les moindres égards ;
Est-ce un sort bien digne d'envie
Que passer tristement sa vie
A Barbotter comm' des canards ?
Tritons, Tritonnes
Beautés mignonnes
Nous moisissons dans nos réduits,
Ondins, ondines
Nymphes badines
Comment charmer vos longs ennuis ?

REPRISE.

Le roi de cet humide empire, etc., etc.

NACRÉE.

Quel ennui... (Elle bâille.) C'est à se décrocher la mâchoire... De l'eau... toujours de l'eau ; c'est frais, mais c'est ennuyeux.

PERLETTE.

Il doit y avoir autre chose que le corail et les perles...

MOULETTE.

J'aimerais mieux une existence moins humide... Celle don Coquillette nous a parlé...

PERLETTE.

Cette Coquillette est-elle heureuse d'avoir été à Paris... Ah ! la voici qui se dirige de ce côté avec Aigue-Marine, sa sœur préférée...

PAILLETTE-D'OR.

Elles doivent conspirer, car elles ne se quittent pas d'un instant...

TROMBINETTE.

Si elle pouvait nous donner la liberté... (Elle bâille.) Car elle a déjà fait changer les costumes.

PERLETTE.

Changer, tu es bien honnête, nous n'en avions presque pas.

PAILLETTE-D'OR.

Quelques coquillages par-ci par-là, et encore....

FLEUR-DE-CORAIL.

Maintenant, nous avons des parures qui se rapprochent des modes terrestres.

MOULETTE.

C'est plus coquet !

NACRÉE.

Pour nous, oui, mais les Tritons sont affreux.

PERLETTE.

Coquillette leur a dit que c'était la dernière mode sur la terre, mais il paraît que c'est pour se moquer d'eux.

PAILLETTE-D'OR.

Marsouin et Chien-de-Mer en sont indignés.

NACRÉE.

Ils disent qu'ils ne savent plus s'ils sont chair ou poisson

PERLETTE.

Silence, voici Coquillette.

SCÈNE II

LES MÊMES, COQUILLETTE ET AIGUE-MARINE.

COQUILLETTE, entrant, et parlant à Aigue-Marine.

Patience, ma sœur chérie, patience... le jour n'est peut-être pas éloigné où... mais silence, nous ne sommes pas seules...

AIGUE-MARINE.

Tu le vois, partout la tristesse et l'ennui. (Elles bâillent toutes.) Et dire que nous sommes vouées à vivre toujours ainsi, ma bonne Coquillette ; si cela continue, j'en mourrai !

FLEUR-DE-CORAIL.

Et moi aussi.

COQUILLETTE.

Si, encore, on pouvait de temps en temps faire son petit bésigue ou une réussite... mais non... rien.... Vent-Contraire a prohibé les cartes.

MOULETTE.

Et même le loto.

AIGUE-MARINE.

C'est affreux !

COQUILLETTE.

Être continuellement entre deux eaux et ne pouvoir se noyer... c'est à se périr de désespoir.

AIGUE-MARINE.

C'est le supplice de Tantale.

COQUILLETTE.

Cancale, tu veux dire... j'en mangerais bien une douzaine.

AIGUE-MARINE.

Le bon génie qui nous avait prises en pitié, sans doute, avait placé là... (Elle montre le fond du théâtre) ce câble sur lequel on faisait de charmantes parties de balançoires... pas du tout, Vent-Contraire, soi-disant par ordre du roi ou plutôt par méchanceté, a fait rompre ce câble.

CHIEN-DE-MER, s'avançant.

Il a raison, car... jouer à la balançoire ! voyons, est-ce une occupation pour des divinités sous-marines.

COQUILLETTE, furieuse, veut lui sauter au visage.

C'est une infamie !.. et je ne sais qui me retient...

CHIEN-DE-MER.

Tout beau !... tout beau !... ma mie... nous savons que, depuis votre escapade sur la terre vous avez bec et ongles.

AIGUE-MARINE ET COQUILLETTE.

Que voulez-vous que nous fassions ?

TOUTES.

Oui, oui !

COQUILLETTE.

Oui... car enfin...

CHIEN-DE-MER, avec bonhomie.

Comment ! chercher du corail... pêcher des perles... collectionner des coquillages... puis après les rejeter à la mer, pour en rechercher ensuite de nouveaux, et cela jusqu'à la consommation des siècles... si vous ne trouvez pas ça amusant, alors...

NACRÉE.

Ça manque de variété.

AIGUE-MARINE.

J'en mourrai !

COQUILLETTE.

Mais c'est à avaler sa langue, ce que vous nous proposez là... ah ! que ce Chien-de-Mer m'agace !

CHIEN-DE-MER, avec calme.

Vous n'avalerez pas votre langue... cela serait indigeste d'abord... et puis, vous seriez privée de dire du mal de tout le monde.

COQUILLETTE, remontant, en haussant les épaules.

Tenez, v'la l'effet que vous me faites.

MOULETTE.

Elle a raison, il n'y a plus moyen de vivre ici, on s'ennuie trop.

NACRÉE.

Moi, je reste des heures entières sur mon banc à humer l'air et le soleil... comme c'est amusant !

CHIEN-DE-MER.

C'est votre état normal...

FLEUR-DE-CORAIL.

Moi, je reste plantée éternellement sur mon rocher sans bouger.

CHIEN-DE-MER.

Voulez-vous vous taire, mademoiselle Fleur-de-Corail... Tenez, si vous êtes rouge, c'est de honte de dire de pareilles sottises.

FLEUR-DE-CORAIL.

Eh bien ! tant mieux, là... si je suis rouge.... Coquillette m'a dit que c'était la mode sur la terre.

CHIEN-DE-MER.

Toujours mademoiselle Coquillette... vous voyez les effets de l'insubordination, de l'esprit de révolte... vous avez même fait changer les idées de monseigneur Vent-Contraire, qui maintenant nous oblige à porter des vêtements qui ont été

trouvés dans le *Pélican*, un vaisseau naufragé ; nous mangeons
à des heures régulières, nous avons des tribunaux ; enfin, on a
bouleversé la nature.

MOULETTE.

Moi, je veux sauter.

CHIEN-DE-MER.

On vous fera sauter.. à la poulette..

NACRÉE.

Je veux voyager...

CHIEN-DE-MER.

Où vous expédiera en bourriche, rue Montorgueil, au parc,
aux...

FLEUR-DE-CORAIL.

Moi, je veux monter sur la balançoire...

CHIEN-DE-MER.

On vous fera monter en épingle.

PAILLETTE-D'OR.

Nous ne pouvons pas nous amuser toutes seules... Chien-
de-Mer, c'est à vous de nous distraire... (Elles le pincent et le
lutinent.)

TOUTES.

Oui, oui, à bas Chien-de-Mer!...

CHIEN-DE-MER.

Ah ça! voulez-vous bien me laisser tranquille, à la fin.
(Bruit au dehors.) J'entends le son de la conque, une proclamation de notre souverain l'Océan, sans doute.

TOUTES.

Ah! tant mieux. Bravo! bravo!

CHIEN-DE-MER.

Silence, mesdemoiselles.

(Il fait ranger tout le monde.)

SCÈNE III

LES MÊMES, MARSOUIN, Marsouin sonne de la conque.

COQUILLETTE.

Tiens!... C'est cet imbécile de Marsouin.

TOUTES.

Vive Marsouin!

MARSOUIN, les regardant avec dédain.

Silence, mesdemoiselles les Ondines, et taisez-vous... « Au
nom de notre souverain maître, Océan Ier (Il sonne de la conque,) et au mien, comme attaché à sa personne pour tout
faire...

1.

COQUILLETTE, *riant.*

Ah! ah! pour tout faire!

MARSOUIN, *la regarde en haussant les épaules et répète avec affectation.*

Pour tout faire... avons mission de publier à son de conque (Il sonne de la conque,) la présente proclamation... (Rumeurs dans l'assemblée, tout le monde se groupe autour de lui pour écouter.) « Nous, Océan 1er, faisons savoir à nos très-fidèles sujets qu'ému à juste titre, par les rumeurs sous-marines qui parviennent chaque jour à notre connaissance, et principalement par les faits étranges qui troublent depuis trop longtemps cette partie de notre royaume...

FLEUR-DE-CORAIL.

Mais ça ne troublait rien, au contraire.

MARSOUIN, *sonne de la conque.*

« Avons résolu et résolvons d'employer tous les moyens qui seront en notre pouvoir pour en finir avec les fléaux qui déciment notre population aquatique et qui nous sont envoyés par nos ennemis les plus acharnés, les habitants de la terre. Nous avons compté sur votre dévouement. Sur ce, que Neptune vous protége. » (Il sonne de la Conque.) Maintenant, vous pouvez vaquer à vos petites affaires. (Tout le monde sort tristement.)

CHŒUR.

Par ce décret annoncé
Au son de la conque,
Tout le monde est agacé
Quiconque, quiconque
De cette horrible instrument
Entend le mugissement
Dit, avec un grincement :
Quell' conque
Quell' conque.

SCÈNE IV

COQUILLETTE, AIGUE-MARINE, CHIEN-DE-MER, MARSOUIN.

MARSOUIN.

Voici l'heure du déjeuner... Allons, mesdemoiselles, passons dans la grotte à manger.

AIGUE-MARINE.

Merci! toujours des escargots!... je n'ai pas faim

COQUILLETTE.

Moi non plus !...

MARSOUIN.

A votre aise... Elles n'ont pas faim !... Ce n'est pas naturel.
(Bas, à Chien-de-Mer.) Toujours ensemble... Il y a quelque
chose... elles complotent, c'est sûr... j'aurai l'œil... toi, ne
perds pas de vue Aigue-Marine.

CHIEN-DE-MER.

Soyez tranquille.

MARSOUIN.

Moi, je me charge de Coquillette, je suis ici pour tout faire.
(Regardant Coquillette.) Nous aurons l'œil. (Ils sortent.)

SCÈNE V

COQUILLETTE, AIGUE-MARINE.

COQUILLETTE.

Enfin, nous voilà seules, et nous pouvons causer tout à
notre aise !

AIGUE-MARINE.

Ah ! ma bonne Coquillette, qu'il me tarde de connaître les
merveilles que tu as vues sur la terre ! mais d'abord comment
es-tu parvenue à t'échapper de ces lieux, surveillées comme
nous le sommes ?

COQUILLETTE.

C'est toute une histoire... qu'il te suffise de savoir que j'ai
été enlevée. Ce fut, je crois, pendant mon sommeil, car je ne
me souviens de rien... sinon que c'était dans les environs de
Trouville, à l'époque des bains de mer. Mon ravisseur me
fit entrer dans un théâtre appelé *la Gaîté*, je débutai dans un
acquarium... Là je fis connaissance de charmantes compa-
gnes qui me présentèrent de ravissants cavaliers, qu'elles ap-
pelaient des... gandins, je crois.

AIGUE-MARINE.

Des gandins... quel drôle de nom ! Continue, ça m'intéresse.

COQUILLETTE.

J'avais un foule d'adorateurs, un entr'autres, le timballier
de l'orchestre, qui m'a bien aimée... (Elle soupire.)

AIGUE-MARINE.

Ah ! mais c'est que c'est très-gentil, tout ça !

COQUILLETTE.

Ah ! tu ne peux me comprendre, ma chère,
Va, si jamais tu connaissais Paris,

Et les plaisirs qu'on goûte sur la terre,
Tu quitterais tout pour ce Paradis.

Dans ce pays l'existence est si belle
Qu'on me verrait donner, et de bon cœur,
Mes droits acquis à la vie immortelle,
Pour quelques jours d'un semblable bonheur,

C'est qu'à Paris la femme est souveraine
Dans le salon comme dans le boudoir,
Au bal, au bois, et surtout sur la scène
Où mille voix l'acclament chaque soir.

Bravos, rappels, et bouquets et couronnes,
Tendres billets et galants rendez-vous...
Que de plaisirs, beau Paris, tu nous donnes,
L'âme s'enivre à les savourer tous.

Ce sont toujours toilettes élégantes,
Serments d'amour et compliments flatteurs ;
Et puis les bals et les fêtes brillantes
Puis à vos pieds nouveaux adorateurs.

Quand le printemps fait fleurir la campagne
Un char brillant vous porte à Chantilly ;
Vive le Turf !... pour le Jockey qui gagne
Crions : hourrah !... tout en sablant l'aï.

Plus tard, au bois, on va faire merveille
Dans son panier... là, charmant tous les cœurs,
Notre équipage a l'air d'une corbeille
Où l'on admire un frais bouquet de fleurs.

D'un fin souper à la Maison dorée
On prend sa part... tout plaisir a son tour,
Et cette vie enivrante, adorée
Se renouvelle à Paris chaque jour.

Mais tu ne peux me comprendre, ma chère,
Ah ! si jamais tu connaissais Paris
-Et les plaisirs que l'on goûte sur terre,
Tu quitterais tout pour ce paradis.

AIGUE-MARINE.

Comment, tu as vu toutes ces belles choses ?

COQUILLETTE.

Et bien d'autres encore.

AIGUE-MARINE.

Mais puisque tu t'amusais tant que ça, pourquoi es-tu reve-
nue ?

COQUILLETTE.

Pourquoi ? Pourquoi ?... Voilà, parce que j'ai **eu la malheu-**

reuse idée d'aller prendre les bains de mer à Cabourg, et, en faisant un plongeon, je me trouvai nez à nez avec cet affreux Marsouin, qui rôdait sur les côtes normandes pour me guetter depuis mon départ... et il me ramena bon gré malgré dans mon ancien élément!..

AIGUE-MARINE, avec mystère.

Eh bien ! ma chère, confidence pour confidence.

COQUILLETTE, surprise.

Ah bah !

AIGUE-MARINE.

Après ta disparition je devins triste, rêveuse ; chaque jour je venais m'asseoir sur ce banc pour penser à toi, ma bonne Coquillette, et pleurer sur ma triste destinée, bien persuadée qu'il existait autre chose de plus agréable à voir que Vent-Contraire et Marsouin.

COQUILLETTE.

Oh ! oui !

AIGUE-MARINE.

Lorsqu'un jour... j'étais assise là, à rêver comme de coutume... un bruit étrange vint frapper mon oreille..... Tout à coup je vis... ou plutôt je crus voir descendre de la surface des ondes un objet bizarre ressemblant à une cloche de verre... un être surnaturel en sortit...

COQUILLETTE.

C'était un homme !... un plongeur.

AIGUE-MARINE.

Tu crois?...

COQUILLETTE.

J'en suis sûre !... assez... légèrement vêtu...

AIGUE-MARINE.

Au contraire...

COQUILLETTE.

Ah ! ce n'est pas comme le mien...

AIGUE-MARINE.

Je ne sais ce qu'il fît à ce cable... mais ce dont je me souviens, c'est qu'il s'approcha de moi... J'étais fascinée par cette apparition soudaine... j'ai cru sentir ses lèvres se poser sur mon front... et quand je revins de cette extase... il avait disparu ainsi que son compagnon.

COQUILLETTE.

Ah ! ils étaient deux !...

AIGUE-MARINE.

Quelque chose l'aura effrayé sans doute, il n'est plus revenu... depuis ce jour je ne pense qu'à lui.

ROMANCE.

1er COUPLET.

Ils étaient deux... par quelle route
Etaient-ils venus en ces lieux ?
Je ne puis le dire... sans doute
Ils avaient dû tomber des cieux.
Je ne sais pas à quelle espèce
Appartenait le plus petit,
Mais je le trouvai si gentil
Que depuis ce jour-là, moi j'y pense sans cesse.

2e COUPLET.

Il parlait, mais pour le comprendre,
Vainement j'écoutais sa voix ;
Po rtant j'éprouvais à l'entendre
Du trouble et du charme à la fois.
Il n'avait pas... cet appendice
Qu'ont les habitants de ces lieux,
Mais il avait de si beaux yeux
Que le jour et la nuit j'y songe avec délices.

COQUILLETTE.
Assez causé... j'entends nos cauchemards.

SCÈNE VI

Les Mêmes, Chien-de-Mer, Marsouin.

MARSOUIN, bas.
Encore ensemble !... décidément elles complotent. (Haut.)
Je ne vous cacherai pas, mes poulettes, qu'il y a du vague
dans votre conduite... toujours à chuchoter...
COQUILLETTE.
Quel mal faisons-nous ?
MARSOUIN.
Vos clapottements continuels ne peuvent durer longtemps.
COQUILLETTE.
Qu'appelez-vous clapottements ?... ménagez vos expres-
sions, s'il vous plaît !
MARSOUIN.
Trève à tous ces discours et arrivons au fait. Je viens vous
annoncer qu'avant la prochaine équinoxe vous serez, d'après
les lois qui régissent les eaux... et forêts, unie à Chien-de-Mer
pour l'éternité... c'est l'ordre de notre souverain maître.

AIGUE-MARINE.

Moi, jamais!

MARSOUIN.

Et vous, Coquillette, vous partagerez le sort d'un Marsouin... j'oublie votre passé, je vous épouse, je suis ici pour tout faire.

COQUILLETTE.

Insolent. (Elle lui donne un soufflet.)

MARSOUIN.

C'est comme si tous les notaires y avaient passé.

AIGUE-MARINE ET COQUILLETTE.

Non! non! non!

MARSOUIN.

Eh quoi! on se révolte!...

QUATUOR.

MARSOUIN ET CHIEN-DE-MER.
De bonne grâce acceptez-vous
Chien-de-Mer et Marsouin pour époux?

LES FEMMES.
Vous?...

LES HOMMES.
Nous!

LES FEMMES.
Allons, allons vous êtes fous!

LES HOMMES.
Pour vous c'est un bonheur extrême!

LES FEMMES.
Mourir filles serait plus doux;
Nous vous refusons, mes bijoux.

LES HOMMES.
Nous?

LES FEMMES.
Vous!...
Nous!... vos femmes!... jamais!...

LES HOMMES.
Tout doux!...
Morbleu! vous le serez quand même.

COQUILLETTE.
Mais, plus vous nous y forcerez
Et plus c'est vous qui le serez.

ENSEMBLE.

LES FEMMES.
Voyez donc qu'elle aubaine
Pour ces messieurs, en vérité,
Ce serait bien la peine
D'enchaîner sa liberté.

LES HOMMES.
Leur résistance est vaine
L'ordre du roi s'ra respecté,
Ell's porteront la peine
De tant de témérité,
LES HOMMES.
Ainsi vous voulez...
LES FEMMES.
Rien...
LES HOMMES.
Et vous refusez...
LES FEMMES.
Bien !...
LES HOMMES.
Mais le repentir...
LES FEMMES.
Bon !...
LES HOMMES.
Peut bientôt venir.
LES FEMMES.
Non !
LES HOMMES.
Aux ordres des autorités
Décidément vous résistez
LES FEMMES.
Oui, c'est bien vu, bien enten u
C'est arrêté, c'est convenu !
REPRISE DE L'ENSEMBLE.

MARSOUIN.

Vous avez dix minutes pour réfléchir, retirez-vous dans vos grottes respectives... allez, mesdemoiselles, allez!... (Elles sortent à droite, les hommes à gauche.)

SCÈNE VII

Musique de scène. — On voit descendre du fond de la grotte une cloche à plongeur d'où sortent MOUSSAILLON et BOUSSOLE. Un nouveau câble descend et remplace le câble rompu.

BOUSSOLLE, regardant autour de lui.

En v'la un plongeon d'un nouveau genre!... se trouver comme ça à pied sec au fond de l'eau... Qu'est-ce que tu dis d'ça, Moussaillon?

MOUSSAILLON, regardant aussi autour de lui, cherchant à s'orienter et n'écoutant pas Boussole.

Mais oui... c'est bien ici, je reconnais l'endroit... nom d'un cachalot !

BOUSSOLE.

Eh ben ! Moussaillon, t'as d'la chance d'ty r'connaître...
l'nom d'la rue n'y est seulement pas... ça doit être le passage
du Saumon...

MOUSSAILLON, se rappelant.

Cette grotte !... ce banc !... c'est bien là qu'elle m'est ap-
parue... Ah ! si j'pouvais la revoir, c'est ça qui s'rait d'la
chance !

BOUSSOLE.

Qui ? quoi?... Sur un banc, c'est donc une huître ?

MOUSSAILLON.

Mais non, ma nymphe... ma naiade... ma syrène !

BOUSSOLE.

Moussaillon... faut soigner ça, mon p'tit... la tête déménage...

MOUSSAILLON, impatienté.

Quand j'te répète que cette grotte est habitée par des syrènes !

BOUSSOLE.

Des syrènes, tu connais donc pas la chanson ?

GIGUE.

Ier COUPLET.

Ecoute bien Moussaillon
Profite de la leçon
Mon garçon.
Tu vas connaître la syrène
Et tu comprendras sans peine
C' que raconte la chanson,
C'est dit-on
Une beauté qu'à z'une queue de poisson.

2e COUPLET.

Bon matelot si par hasard
La nuit sur ton banc de quart,
A l'écart,
Tu t' mets à roupiller sans gêne,
C'est un tour de la Syrène
Qui voudrait bien t'endormir ;
Sans faiblir,
Faut danser pour te dégourdir.

3e COUPLET.

A c'te blagu'là moi j'dis cric,
La vrai Syrèn'c'est le schnick
Dont l'mat'lot
Rigolo
S'donne une bilure,
C't'histoire'là n'est qu'un'figure

> Inventé pour ouvrir l'œil
> Du marin
> A seul'fin
> Qu'il évit'l'écueuil.

(Ils dansent sur le refrain.)

BOUSSOLE.

Et maintenant que voilà le nouveau cable immergé, si tu m'en crois, fiston, nous filerons notre nœud et plus vite que cela...

MOUSSAILLON.

M'en aller, plus souvent !... Puisque je te dis qui y en a une qui m'a fait de l'œil, en faisant semblant de dormir, à l'époque de mon premier plongeon avec Bastringuet, il y a environ six mois, et que je reconnais l'endroit ; et j'm'en irais sans l'avoir revue... oh ! non !... va-t'en si tu veux, moi je reste.

BOUSSOLE.

Est-il têtu, ce mouch'ron-là. (Il va pour s'en aller, il se ravise.) Mille tonnerres ! j'en aurai le cœur net... nous allons bien voir ; on dit que la syrène est accessible à l'harmonie... (Il tire une flûte de sa poche.)

MOUSSAILLON.

Tu vas jouer de la flûte.

BOUSSOLE.

Tu l'as dit, petit, j'aurais voulu qu'elle soye de Pau, mais ça ne fait rien à la chose...

MOUSSAILLON.

Mais...

BOUSSOLE.

Motus ! Comme ancien timballier de *la Gaîté*, ça me connaît ; s'il y a des syrènes, faudra bien qu'elles montrent leurs museaux. (Il exécute un solo de flûte ; pendant ce temps Moussaillon observe avec anxiété. Bientôt on voit apparaître Coquillette, qui se hasarde sans être vue. Elle fait signe à Aigue-Marine, qui paraît à son tour. Entraînées par la musique, elles s'approchent en faisant des poses gracieuses ; Coquillette vient près de Boussole, Aigue-Marine se laisse enlacer par Moussaillon.)

SCÈNE VIII

LES MÊMES, COQUILLETTE, AIGUE-MARINE.

COQUILLETTE, qui n'avait point encore bien vu Boussole, le reconnaît dans une pose plastique.

Mon amoureux de *la Gaîté* !...

AIGUE-MARINE reconnaissant Moussaillon.

C'est lui !

MOUSSAILLON.

Ma déesse !

BOUSSOLE.

Ma connaissance de peau d'âne !... Tonnerre des Indes !...

QUATUOR BOUFFE.

COQUILLETTE.
Quoi ! c'est toi !
BOUSSOLE.
Oui, c'est moi.
MOUSSAILLON ET AIGUE-MARINE.
Quoi ! c'est lui !
Qu'aujourd'hui
Tu revois ?
COQUILLETTE ET BOUSSOLE.
Je revois
Plus tendres qu'autrefois.
En ces lieux
A ses ⎫
A mes ⎭ yeux
Ces ⎫
Mes ⎭ Attraits
Doux et frais
Que j'avais ⎫
Qu'il avait ⎭ cru perdus
Me sont enfin rendus.
BOUSSOLE, à Coquillette.
Comment donc du séjour terrestre
Es-tu passée au sein des eaux ?...
COQUILLETTE.
Comment quittas-tu ton orchestre
Pour l'humide empire des flots ?
AIGUE-MARINE.
Sous le poids d'une horrible chaîne,
Je ne fais ici que gémir ;
Et je n'ai pour charmer ma peine
(Baissant les yeux.)
Que l'espoir... et le souvenir.
BOUSSOLE.
Ah ! n'allons pas nous attendrir,
Songeons plutôt à déguerpir ;
Et pour terminer ce morceau
Répétons tous pianissimo :

ENSEMBLE.

Jurez-moi, jurez-lui, jurez-vous, jurons-nous
Que l'hymen, que l'amour nous réunira tous,

MOUSSAILLON.

Eh bien ! triple mulet, me croiras-tu à présent ?

(Aigue-Marine s'assied sur un banc à gauche, Moussaillon est à ses genoux.)

BOUSSOLE.

Dam ! devant des preuves aussi palpables... (Il prend la taille de Coquillette.) Aussi, qui diable pouvait s'attendre à trouver des femmes au fond de l'eau... céans parmi les coquillages... c'est rare.

COQUILLETTE.

Attends, je te vas tuer...

BOUSSOLE.

Mais enfin, explique-moi... comment je te retrouve parmi les poissons...

COQUILLETTE.

C'est inutile... ne t'ai-je pas toujours dit que je n'étais pas une femme comme les autres...

BOUSSOLE, souriant.

Comment l'entends-tu ?

COQUILLETTE.

Ça doit te suffire.

BOUSSOLE.

Ça me suffit, mais ça m'interloque.

COQUILLETTE.

C'est moi plutôt qui aurais le doit de te questionner, car tu n'es pas ici dans ton élément.

BOUSSOLE.

Oh ! fichtre non ! il s'en faut... j'abomine l'eau... mais ça se comprend .. En deux mots voilà la chose.

AIGUE-MARINE, donne un soufflet à Moussaillon qui veut l'embrasser.

Ça vous apprendra.

BOUSSOLE.

Qu'est-ce que tu fais donc là ?

MOUSSAILLON.

Je reçois.

BOUSSOLE.

Apporte ici et ne l'abîme pas en route. Moussaillon et moi nous venons mettre un becquet au câble transatlantique.

COQUILLETTE.

Ça ?... allons donc... c'est une balançoire.

BOUSSOLE.

Quoi ! une balançoire !

COQUILLETTE.

Tiens ! elle est toute neuve ? mais j'y songe, puisque te revoilà... enlève-moi, car je m'ennuie ici.

BOUSSOLE.

Je t'enlève, partons!

COQUILLETTE..

Oui, mais comment!

BOUSSOLE, désignant la cloche à plongeur.

Avec cet instrument... d'optique... l'homme papillonne maintenant dans l'eau ni plus ni moins qu'aux Champs-Elysées.

COQUILLETTE.

Eh bien ! reenlève-moi.

AIGUE-MARINE, qui causait avec Moussaillon se levant.

Partir !... encore... et où vas-tu ?

COQUILLETTE.

Sur la terre... et, cette fois, si Marsouin me repêche, il sera malin, il lui faudra une fameuse amorce.

BOUSSOLE.

Marsouin, qu'est-ce que c'est que ça ?

COQUILLETTE.

Un poisson qui m'agace.

AIGUE-MARINE.

Quoi, tu vas encore me quitter?

COQUILLETTE.

Qui t'empêche de faire comme moi?

MOUSSAILLON.

Elle a raison, je vous enlève.

COQUILLETTE.

Je te ferai entrer au Châtelet ou aux Folies-Marigny.

AIGUE-MARINE.

Je n'oserai jamais ! un enlèvement! toi, encore... tu sais ce que c'est... qu'un enlèvement.

BOUSSOLE.

Oh ! oui...

COQUILLETTE.

Tu l'apprendras, ce n'est pas difficile, va, et puis tu n'as que ce moyen d'échapper à ce Chien-de-Mer.

BOUSSOLE.

Marsouin, Chien-de-Mer!... mais c'est une bouillabesse!

MOUSSAILLON.

Oui, oui... Il n'y a pas une minute à perdre, je vous enlève!

AIGUE-MARINE.

Je ne veux pas!

COQUILLETTE.

Mais réfléchis donc au sort qui t'es réservé ici, et à celui qui t'attend sur terre... les plaisirs, le théâtre, les bals, les fêtes, les soupers, le champagne !

BOUSSOLE.

Le champagne !... ah !...

AIGUE-MARINE.

Le champagne! qu'est-ce que c'est qu'ça?...

COQUILLETTE, avec compassion.

Elle demande ce que c'est que le champagne!...

BOUSSOLE.

Elle demande ce que c'est que le champagne!...

MOUSSAILLON, à part.

Quelle idée!... C'est un moyen de la décider. (Haut.) Voulez-vous en goûter?

COQUILLETTE, vivement.

Vous avez du champagne?

BOUSSOLE.

Moët et Chandon... rien que ça... (Il embrasse Coquillette.)

MOUSSAILLON, à Boussole.

Hèle à bord... qu'on nous envoie un panier de champagne!...

BOUSSOLE.

Oui, mon amiral!... en v'la une d'idée!... (A Moussaillon.) Tu es grand comme notre grand mât d'artimon. (Il disparait dans les coulisse et crie.) Sommelier, un panier de champagne... Boum!

AIGUE-MARINE.

Si Chien-de-Mer et Marsouin nous surprenaient...

COQUILLETTE.

Il n'y a pas de danger, ils sont à faire leur sieste.

MOUSSAILLON.

Chien-de-mer, Marsouin!... quel sont donc ces animaux-là? et puis ne sommes-nous pas là. (Il chante.)

Un bras pour vous défendre, un cœur pour vous chérir.

Eh bien! et ce champagne?

BOUSSOLE, prenant le panier dans la cloche.

Champagne demandé! voilà! (Il distribue les verres et verse le vin.)

AIGUE-MARINE.

Oh! que c'est gentil... ça!... un casque d'argent et c'est en bouteille; mais qu'est-ce que c'est que cela, le champagne?

COQUILLETTE.

Je vais te le dire.

RONDE DU CHAMPAGNE.

COQUILLETTE, un verre à la main.

Iᵉʳ COUPLET.

Tu veux connaître le Champagne
Vois-le dans ce cristal brillant;
Une folle gaîté vous gagne,

Rien qu'à son aspect pétillant.
Un rayon du ciel le colore
Et plein d'un feu toujours nouveau,
En perles d'or il s'évapore
Et vient exalter le cerveau.
            Blanchis et pétille
            Mousse si gentille,
Échappe-toi de ta prison ;
Liqueur enchanteresse,
Par une douce ivresse
Viens remplacer notre raison.

2ᵉ COUPLET.

Oui le champagne est un génie,
Le plus séduisant des lutins ;
Par son talisman, de la vie
Il fait oublier les chagrins.
Voyez quelle tournure alerte
Quel air crâne, aimable, élégant,
Avec sa longue robe verte
Le chef ceint d'un casque d'argent.
            Blanchis et pétille
            Mousse si gentille,
Échappe-toi de ta prison ;
Liqueur enchanteresse,
Par une douce ivresse
Viens remplacer notre raison.
        (Ils dansent sur le refrain.)

SCÈNE IX

LES MÊMES, MARSOUIN.

MARSOUIN, furieux.

J'en étais sûr... voilà pourquoi elles chuchotaient !... (A
Coquillette.) N'avez-vous pas de honte d'entretenir des relations
clandestines avec nos ennemis... mais ils sont laids !... s'ils
étaient jolis, encore !.. mais non. . pas une seule écaille.

BOUSSOLE.

Ah ! mais dites donc monsieur... Merluche !...

MARSOUIN.

Marsouin... ne m'écaillez pas...

BOUSSOLE.

Marsouin, soit !... savez-vous que j'ai une furieuse envie
de vous flanquer au court-bouillon !... (Il le retourne brusque-
ment.)

MARSOUIN.

Il me menace !... oh ! mais vous ne jouirez pas longtemps
de votre triomphe. Je vais ramener la justice et vous serez
arrêtés, jugés, condamnés au dernier supplice. Je vais son-
ner la conque d'alarme... (Exaspéré en jouant de la conque, il fait
un faux pas et tombe ; il veut parler et ne fait plus entendre qu'une voix
de polichinelle. Il sort.)

SCÈNE X

Les Mêmes, moins MARSOUIN.

BOUSSOLE riant avec tous les autres.

Il a avalé sa conque. Eh bien! Moussaillon, nous v'la frais.

COQUILLETTE.

Il n'y a pas une minute à perdre... fuyez... fuyez seuls,
ou vous êtes perdus.

MOUSSAILLON.

Y pensez-vous?... Vous abandonner à la fureur de ce s
ours... marins, jamais! déshonorer la marine par une lâ-
cheté !... allons donc !

BOUSSOLE.

Bien, Moussaillon !... ah ! une idée !... notre omnibus peut
nous contenir tous les quatre, prenez une bonne résolution,
tous vos bijoux et suivez-nous, vite, en route !...

COQUILLETTE, qui guettait.

Il n'est plus temps, les voici tous.

AIGUE-MARINE.

Cachez-vous vite...

BOUSSOLE.

Mais où ? (Ils cherchent tous une cachette.)

AIGUE-MARINE

Ah ! cette galerie... entrez là ! (Moussaillon et Boussole se pré-
cipitent dans la galerie. — Coquillette et Aigue-Marine en masquent
l'entrée.)

SCÈNE XI

AIGUE-MARINE, COQUILLETTE, CHIEN-DE-MER, MAR-
SOUIN, ONDINES.

(Marsouin ne parle plus et ne fait plus entendre que sa voix de
polichinelle.)

CHOEUR.

Vengeance, vengeance,
De leur imprudence

Punissons ces affreux bandits;
Justice, justice,
Qu'un sanglant supplice
D'un pareil forfait soit le prix.

CHIEN-DE-MER.
Qu'ici le tribunal prononce...

LE CHOEUR.
Quel sera leur sort?
Nous attendons votre réponse.

CHIEN-DE-MER.
La mort !

LE CHOEUR, avec férocité.
Oui, la mort !

CHIEN-DE-MER à Coquillette et à Aigue-Marine.
Et vous, mesdemoiselles
Qui de honte devez rougir,
Ne saurez-vous pas, péronnelles,
Nous aider à les découvrir.

LE CHOEUR, furieux.
Oui, livrez-nous les deux coupables.

COQUILLETTE, bas à Aigue-Marine.
Ne réponds rien à ce vieux merlan...

CHIEN-DE-MER.
Quoi! vous vous taisez, misérables
Où sont-ils? répondez...

COQUILLETTE.
Du flan.

REPRISE.

Vengeance, vengeance
De leur imprudence
Punissons, etc., etc.

(Le chœur, sur la reprise, poursuit Coquillette et Aigue-Marine, qu
passent de l'autre côté du théâtre.)

CHIEN-DE-MER, montrant deux bouteilles vides.
Voilà avec quoi ces mécréants les entortillent et leur tour-
nent la tête. Ils ne doivent pas être loin... il nous les faut morts
ou vifs. (Moussaillon et Boussole ont cherché à gagner le fond et à se
réfugier dans les cloches.)

PERLETTE ET FLEUR-DE-CORAIL, les reconnaissant.
Ah!... à moi!... j'en tiens un. (Elles amènent à l'avant-scène Moussaillon.)

NACRÉE ET PAILLETTE-D'OR.
Et moi je tiens l'autre. (Elles arrêtent Boussole.)
BOUSSOLE.

Pincés !

MOUSSAILLON.

Au fait, j'aime mieux ça... fuir devant une Merluche.

CHIEN-DE-MER furieux.

Marsouin !...

BOUSSOLE.

Décidément, qu'est-ce que vous demandez?

MOUSSAILLON.

Oui, au fait, qu'est-ce que vous nous demandez ?

CHIEN-DE-MER.

Ah! mon Dieu, moins que rien... qne vous soyez jugés, condamnés et fourrés dans une outre immense, en compagnie d'animaux parfaitement venimeux... après quoi, vous serez livrés à l'Océan, notre souverain maître.

BOUSSOLE.

Rien que ça... dans une outre, mais c'est d'une outrequidance...

CHIEN-DE-MER.

Silence, voici le tribunal qui s'approche, ayant en tête son Altesse Sérénissime le grand Vent-Contraire.

TOUS.

Vive Vent-Contraire !... Oui, à mort nos ennemis ! (L'orchestre exécute une marche d'un comique solennel. Tout l'appareil de la justice aquatique défile devant le public. Les juges se placent au fond de la grotte, assis sur le câble ; les autres, de chaque côté, diversement groupés. Sur une table, les pièces à conviction : panier de champagne, etc.)

CHŒUR ET MARCHE.

On va juger le complot
Tout le monde doit se taire,
Défense de souffler mot
Devant
Le grand Vent;
Devant le grand Vent-Contraire.

SCÈNE XII

MARSOUIN, UN HUISSIER, CHIEN-DE-MER, BOUSSOLE, MOUSSAILLON, COQUILLETTE, AIGUE-MARINE, VENT-CONTRAIRE. Le grand juge Vent-Contraire entre solennellement, précédé et suivi des membres du tribunal aquatique ; les juges s'asseyent au fond sur le câble, les autres sont diversement groupés ; Moussaillon, Coquillette et Aigue-Marine sont seuls assis.

VENT-CONTRAIRE.

Que l'on garde le plus profond silence.

UN HUISSIER.

L'audience est ouverte !

VENT-CONTRAIRE, lisant l'acte d'accusation.

Où sont les accusés.

BOUSSOLE ET MOUSSAILLON.

Présent.

VENT-CONTRAIRE.

Nous allons lire l'acte d'accusation, puis nous procéderons
à l'interrogatoire. Deux êtres que je qualifierai d'amphibies...

MOUSSAILLON.

Mais ce Vent nous invective !

L'HUISSIER.

Silence !

VENT-CONTRAIRE, reprend la parole.

Deux êtres amphibies, dont on ignore les noms... la posi-
tion sociale et le lieu de naissance.

BOUSSOLE, indigné.

Pardon, M. le Président, mais...

L'HUISSIER.

Silence !

VENT-CONTRAIRE, continuant.

Ont osé pénétrer, au moyen de cet instrument... d'optique,
et ont souillé ces lieux de leur présence impure, pour y ap-
porter le trouble et l'anarchie ! Ce câble, sur lequel en ce
moment siége le tribunal des eaux...

MOUSSAILLON.

Oh !...

VENT-CONTRAIRE.

Qui est-ce qui a souflé ? (Silence général.) Ce câble, cause de
tous nos maux et duquel se dégagent à chaque instant de
malignes influences. (En ce moment les juges, qui commencent à
s'endormir, font un soubresaut occasionné par l'électricité.

LES JUGES, criant.

Oh ! aie !

VENT-CONTRAIRE.

Tenez, en ce moment même...

MOUSSAILLON.

Mais c'est une dépêche.

VENT-CONTRAIRE.

Une dépêche !... ils devraient bien choisir une autre moment, là-haut, pour échanger leur correspondance. J'ai éprou-
vé une commotion... Je suis sûr que j'ai un bleu... je verrai

ça plus tard. (Continuant.) Encore! ah ça! ils ont donc bien des choses à se communiquer...

CHIEN-DE-MER.

Cristi! que ça me cuit !

VENT-CONTRAIRE.

Et moi donc... je suis sûr que c'est entamé... mais je verrai ça plus tard ! (Continuant et s'animant.) Voici les preuves irrécusables de ce que j'avance : c'est à l'aide de ce breuvage, de ce philtre empoisonné. (Il montre les bouteilles. Nouvelle secousse électrique.) Ah! sapristi! ça passe la plaisanterie !... Mais qu'est-ce qu'ils peuvent donc avoir à se dire pour se parler si fort que ça?... Oh ! là là !... les reins! N'importe! soyons dignes! (Continuant.) Oui, messieurs, c'est à l'aide de ce breuvage maudit.

COQUILLETTE, se levant spontanément.

Sont-ils godiches! c'est du champagne! le vin des amours ! de la folie !

BOUSSOLE.

Pardon, mon président, permettez que je vous explique...

CHIEN-DE-MER.

Silence !

VENT-CONTRAIRE.

On va vous interroger.... accusé Boussole, comment vous appelez-vous?

BOUSSOLE.

Comment nous nous appelons ?

VENT-CONTRAIRE.

Oui, comment vous appelez-vous?

BOUSSOLE.

Dam ! ça dépend, quand nous sommes loin nous faisons hoé-houp! quand nous sommes près... psit ! psit !

VENT-CONTRAIRE.

Accusé... vous vous égarez, ce sont vos noms.

BOUSSOLE.

Ah! fallait donc le dire... je m'appelle dès mon enfance Don Polyte de las Boussolas...

VENT-CONTRAIRE.

Où êtes-vous né ?

BOUSSOLE.

Né à Paris, à la manufacture de tabac.

VENT-CONTRAIRE.

Votre âge.

BOUSSOLE.

Je n'en ai pas sur moi...

VENT-CONTRAIRE.

Comment, vous n'en avez pas sur vous... je vous demande votre âge?

BOUSSOLE.

Ah! je croyais que vous me demandiez du tabac.

VENT-CONTRAIRE.

Accusé, recueillez vos idées et ne cherchez pas à détourner l'attention de la justice. Où demeurez-vous?

BOUSSOLE.

Chez papa.

VENT-CONTRAIRE.

A votre âge, c'est honteux.

BOUSSOLE.

Papa est roi des Timballiers du café des aveugles, décoré de l'ordre de l'Eléphant blanc de Cocorico, professeur de natation et de langue morte près des cours étrangères et pour vous servir, sauf vot' respect.

VENT-CONTRAIRE.

Ce sont de grands personnages... puisque son père est roi des Timballiers... mais enfin que veniez-vous faire ici?...

BOUSSOLE.

Propager les bienfaits de la danse de corde dans les classes nécessiteuses.

VENT-CONTRAIRE.

Il s'exprime parfaitement. Mais enfin, pourquoi... pourquoi, dis-je, avez-vous introduit ici ce breuvage malfaisant?

BOUSSOLE.

Bon président... aussi vrai que vous êtes un vieux crétin!

VENT-CONTRAIRE.

Comment, un vieux crétin...

BOUSSOLE.

C'est un mot qui se dit à la cour de mon père.... ça vient de Crète...

VENT-CONTRAIRE.

Ah! c'est différent.

BOUSSOLE.

Aussi vrai que vous êtes un vieux crétin et ceux qui vous entourent des Daims de la plus belle eau.

VENT-CONTRAIRE.

Saluez, messieurs, il s'exprime très-poétiquement.

BOUSSOLE.

Ce philtre, comme vous l'appelez, est au contraire un breuvage que vous trouverez délicieux et qui, de simple crétin que vous êtes, vous fera devenir spirituel.

VENT-CONTRAIRE.

Je ne comprends pas un mot, mais il s'exprime très-bien.

BOUSSOLE.

Veuillez descendre de votre banc de quart, et approcher...
(Vent-Contraire quitte son siége et vient en scène.) (Boussole lui verse
et il boit).

VENT-CONTRAIRE.

Tiens! ça picote, ça chatouille, ça pique le nez...

BOUSSOLE.

Oui, quand on en boit beaucoup on appelle ça se piquer le nez.

VENT-CONTRAIRE.

Ma foi, je me le piquerai volontiers.

MARSOUIN.

Moi aussi.

VENT-CONTRAIRE.

Mais tout ça ne m'explique pas votre présence ici.

BOUSSOLE.

Nous sommes venus pour placer ce câble sous-marin.

VENT-CONTRAIRE.

Sous mes reins, vous voulez dire.

BOUSSOLE.

Ah! ah! vous êtes un vieux farceur (il lui tape sur le ventre).

VENT-CONTRAIRE.

Accusé, je vous prie de ne pas me taper sur le ventre.

BOUSSOLE.

Ça se fait à la cour de mon père.

VENT-CONTRAIRE.

Ah! c'est différent (Il boit). Enfin, vous êtes accusé de vous
être introduit ici frauduleusement et d'avoir cherché à détourner mes sujettes du sentier de l'honneur. — Qu'avez-vous
à dire pour votre défense.

BOUSSOLE.

Permettez, avant de parler (Il verse à boire à Vent-Contraire
et boit.) Rien de plus simple, supposez que vous voilez sous
le vent... au grand largue babord, mais le Brick ne veut pas
céder, qu'est-ce que vous avez à faire?

VENT-CONTRAIRE, déjà gris.

Je ne sais pas.

BOUSSOLE.

Tant mieux... alors buvez un peu, vous allez comprendre.

VENT-CONTRAIRE.

Bon... alors plus je boirai plus je comprendrai?

BOUSSOLE.

C'est ça... vous y voilà, vous êtes forcé de faire un allofi et
de rentrer dans le vent, crainte d'avarie.

VENT-CONTRAIRE.

J'ai beau boire, je ne comprends pas du tout... mais ça me
paraît juste.

BOUSSOLE.

Buvez encore un peu... la brise, fraîchi, tourne à l'ouragan
obligé de plier le Cacatoës, les perroquets, les phoques, etc...
et de ne plus marcher qu'avec trois ris dans vos huniers.

VENT-CONTRAIRE, tout à fait gris.

Voyez-vous ça!

BOUSSOLE.

Vous comprenez?

VENT-CONTRAIRE.

Pas du tout...

BOUSSOLE.

Buvez encore un petit coup... en cinq minutes, nous v'là à
la cap sèche et pas moyen de mouiller.

VENT-CONTRAIRE.

Ah! voilà, il aurait fallu pouvoir mouiller ; je commence à
comprendre.

BOUSSOLE.

Alors! voyant le danger, j'embrasse ma sœur! (Il embrasse
Coquillette.)

VENT-CONTRAIRE.

Eh! eh! Boussollas...

BOUSSOLE.

C'est pour vous faire comprendre... mes deux pauvres
sœurs, dont l'une d'elles, l'année dernière encore, avait gagné
la timbale d'honneur à Nanterre. (Il se mouche et pleure, tout le
monde en fait autant.)

VENT-CONTRAIRE.

Mais tout ça ne m'explique pas votre présence ici :

BOUSSOLE.

Nous sommes venus poser ce câble sous-marin.

VENT-CONTRAIRE.

Et vos sœurs?

BOUSSOLE.

Elles blousent des timbales au Café des aveugles, sous l'é-
gide de mon auguste père...

VENT-CONTRAIRE.

Ah! très-bien. Eh bien! mais vous n'êtes pas coupable, alors...
et je me rends parfaitement compte que, par suite du mouvement
du brick... et de votre pauvre sœur... Je vous acquitte.

BOUSSOLE.

Ah! mon amiral...

VENT-CONTRAIRE.

Accusé, allez vous asseoir... le tribunal se recueille et va
délibérer. (Les trois juges causent ensemble et boivent.)

BOUSSOLE, aux deux femmes et à Moussaillon.

Et maintenant, tâchons de gagner au large promptement...

VENT-CONTRAIRE.

Le tribunal décide que les accusés Boussole et Moussaillon seront renvoyés dans leur patrie ; Coquillette sera exilée sur un banc de la mer Rouge et Aigue-Marine dans la mer Jaune.

AIGUE-MARINE.

J'accepte l'exil mais avec Coquillette et à Paris, le pays du plaisir et des amours.

VENT-CONTRAIRE.

Avant de se séparer, nous demandons tous un verre de ce vin des dieux, en signe de réconciliation...Allons, Coquillette, verse encore avant ton départ...

COQUILLETTE.

Un mot pour ma défense, ce sera le dernier. Vive le champagne !

Galop et bacchanale.

COQUILLETTE.

Verse, verse, verse encore
De ce nectar que j'adore,
J'aime ce vin pétillant
Au pouvoir émoustillant ;
Lorsque j'en double la dose
Tout semble couleur de rose,
Oui, ce vin délicieux
Est digne des dieux.

(Boussolle, Moussaillon, Coquillette et Aigue-Marine, sont montés sur le praticable du fond et se préparant à fuir dansent comme les autres.)

VENT-CONTRAIRE, gris.

Déjà son feu me travaille,
Amis, à moi la muraille,
Car on jurerait, ma foi,
Que tout tourne autour de moi.

CHŒUR.

Oui la gaîté qui nous gagne
Rien qu'au doux nom de Champagne,
Malgré nous vient nous pousser
A rire, à nous trémousser.

REPRISE.

Verse, verse, verse encore, etc.

(Danse générale et cris : Vive le champagne.)

FIN.

Coulommiers. — Typographie A. MOUSSIN.

BIBLIOTHÈQUE DU THÉATRE MODERNE

Format grand in-18 jésus sur velin glacé.

<table>
<tr><td></td><td>fr.</td><td>c.</td></tr>
<tr><td>ADIEU PANIERS! comédie en 1 acte, par M. Alph. De Launay. .</td><td>1</td><td>»</td></tr>
<tr><td>CELIMARE LE BIEN-AIMÉ, comédie en 3 actes, par MM. Labiche et Delacour . . . .</td><td>2</td><td>»</td></tr>
<tr><td>CORNEILLE A LA BUTTE SAINT-ROCH, comédie en 1 acte, en vers, par Ed. Fournier. . . . .</td><td>1</td><td>»</td></tr>
<tr><td>DANS MES MEUBLES, vaudeville en 1 acte, par M. J. Prével.</td><td>1</td><td>»</td></tr>
<tr><td>EH! ALLEZ DONC TURLURETTE! revue de l'année 1862, mêlée de couplets, en 3 actes et 7 tableaux, par MM. Th. Cogniard et Clairville . . . .</td><td>1</td><td>50</td></tr>
<tr><td>EH! LAMBERT! à-propos vaudeville, par MM. Clairville et J. Moineaux. . . . .</td><td>1</td><td>»</td></tr>
<tr><td>EN BALLON, revue en 3 actes et 14 tableaux, par MM. Clairville et J. Dornay, in-4° avec vignette. . . . . .</td><td>»</td><td>50</td></tr>
<tr><td>J'VEUX MA FEMME, vaudeville en 1 acte, par M. J.-J. Montjoye. . . . .</td><td>1</td><td>»</td></tr>
<tr><td>LACHEZ TOUT! revue en 3 actes et 15 tableaux, par MM. E. Blum et A. Flan, in-4° avec vignette. . . . . . .</td><td>»</td><td>50</td></tr>
<tr><td>L'AUTEUR DE LA PIÈCE, comédie-vaudeville en 1 acte, par MM. Varin et Michel Delaporte. . . . .</td><td>1</td><td>»</td></tr>
<tr><td>L'AMOUR QUI DORT, comédie en 1 acte, par M. Pagésis. . .</td><td>1</td><td>»</td></tr>
<tr><td>L'AVOCAT DES DAMES, comédie-vaudeville en 1 acte, par MM. Hipp. Rimbaud et Raimond Deslandes. . . . . .</td><td>1</td><td>»</td></tr>
<tr><td>LA CAGNOTTE, vaudeville en 5 actes, par Eugène Labiche et A. Delacour. . . . .</td><td>2</td><td></td></tr>
<tr><td>LA CORNETTE JAUNE, vaudeville en 1 acte, par MM. Carmouche et ***. . . . .</td><td>1</td><td>»</td></tr>
<tr><td>LA CHANSON DE LA MARGUERITE, ou UN PEU, BEAUCOUP, PASSIONNÉMENT, vaudeville en 2 actes et quatre tableaux, par MM. A. Delacour et Henri Thiéry. . . . . . .</td><td>1</td><td>»</td></tr>
<tr><td>LA CHERCHEUSE D'ESPRIT, opéra-comique en 1 acte, par Favart, remanié par Charles Hérold, musique arrangée par M. Pilvestre. . . . .</td><td>1</td><td>»</td></tr>
<tr><td>LA COMMODE DE VICTORINE, comédie-vaudeville en 1 acte, par MM. Eugène Labiche et Edouard Martin. . . . .</td><td>1</td><td>»</td></tr>
<tr><td>LA COMTESSE MIMI, comédie en 3 actes, par MM. Varin et Michel Delaporte. . . . .</td><td>2</td><td></td></tr>
<tr><td>LA DAME AU PETIT CHIEN, comédie-vaudeville en 1 acte, par MM. Labiche et Dumoutier. . . . .</td><td>1</td><td>»</td></tr>
<tr><td>LA DERNIÈRE GRISETTE, vaudeville en 1 acte, par M. Albert Wolff. . . . .</td><td>1</td><td>»</td></tr>
<tr><td>LE DOYEN DE SAINT-PATRICK, drame en 5 actes, par MM. de Wailly et Louis Ulbach. . . . .</td><td>2</td><td>»</td></tr>
</table>

fr. c.

La Fanfare de Saint-Cloud, opérette en 1 acte, par M. Si-
raudin, musique de M. Hervé. . . . . 1 »
La Fiancée du roi de Garbe, opéra-comique en 3 actes, par
MM. Scribe et de Saint-Georges, musique de M. Auber . 1 »
La Fille bien Gardée, comédie-vaudeville en 1 acte, par
MM. E. Labiche et Marc Michel, 2ᵉ édition. . . . . 1 »
La Fille de Molière, comédie en 1 acte , en vers, par
M. Edouard Fournier. . . . . 1 »
La Fleur du Val-Suzon, opéra-comique en 1 acte, par
M. Turpin de Sansay, musique de M. Douay. . . . . 1 »
La Femme coupable, drame en 5 actes, par M. Eugène Nus. 2 »
La Jeunesse de Mirabeau, pièce en 4 actes, par MM. Aylic.
Langlé et Raimond Deslandes . . . . 2 »
La Liberté des Théatres, salmigondis mêlé de chant, en
3 actes et 14 tableaux, par MM. Cogniard et Clairville. . 1 50
La loge d'Opéra, comédie en 1 acte, par M. Jules Lecomte. 1 »
La malle de Lise, scène de la vie de garçon, par M. Edouard
Brisebarre. . . . . 1 »
La Revue au cinquième Étage, à-propos en 3 tableaux, par
MM. Clairville, Siraudin et Blum. . . . . 1 »
La Servante-Maitresse, opéra-comique en 2 actes, paroles
de Baurans, musique de Pergolèse . . . . 1 »
La Vieillesse de Brididi, vaudeville en 1 acte, par
MM. Adolphe Choler et H. Rochefort. . . . . »
Léonard, drame en 5 actes et 7 tableaux, de MM. Edouard
Brisebarre et Eugène Nus. . . . . 2 »
Les Balayeuses, comédie en 1 acte mêlée de chant, par
M. Marc Michel. . . . . 1 »
Les Bienfaits de Champavert, comédie-vaudeville en 1 acte,
par M. Henry Rochefort . . . . 1 »
Le Bouchon de Carafe, vaudeville en 1 acte, par MM. Du-
pin et Eugène Grangé . . . . 1 »
Les Calicots, vaudeville en 3 actes, par MM. Henry Thiery
et Paul Avenel . . . . « 50
Le dernier Couplet, comédie en 1 acte, par M. Albert Wolff. 1 »
Les Ficelles de Montempoivre, vaudeville en 3 actes, par
MM. Varin et Michel Delaporte. . . . . 2 »
Les Finesses de Bouchavanes, comédie en 1 acte, mêlée de
couplets, par MM. Marc Michel et Ad. Choler. . . . . 1 »
L'Homme entre deux ages, opérette en 1 acte, par M. Emile
Abraham, musique de M. Henry Cartier . . . . . . 1 »
L'Hotesse de Virgile, comédie en 1 acte et en vers, par Ed.
Fournier, jolie impression de Perrin, de Lyon, 1 vol. grand
in-18 . . . . 2 »
Les Illusions de l'Amour, comédie en 1 acte et en vers, par
M. Ernest Serret. . . . . 1 »
Les Mémoires d'une Femme de Chambre, vaudeville en 2 actes,
par MM. Clairville, Siraudin et Ernest Blum. . . . . 1 »

. c.

Les Mères terribles, scènes de la vie bourgeoise, 1 acte, par MM. Alfred Chiror et Henri Duru . . . . 1 »

Les Mousquetaires du Carnaval, folie-vaudeville en 3 actes, par MM. Grangé et Lambert Thiboust. 1 50

Les 37 sous de M. Mautaudouin, comédie-vaudeville en 1 acte, par MM. Labiche et Ed. Martin . . . . 1 »

Le Mariage de Vadé, comédie en 3 actes et en vers, précédé d'un prologue, par MM. Amédée Rolland et Jean Du Boys. 2 »

Le Minotaure, vaudeville en 1 acte, par MM. Clairville et A. de Jallais. . . . . 1 »

Les Médecins, pièce en 5 actes, par MM. Edouard Brisebarre et Eugène Nus . . . . 2 »

L'ouvrière de Londres, drame en 5 actes, par M. Hippolyte Hostein 2

Le Paradis trouvé, comédie en 1 acte, en vers, par M. Edouard Fournier . . . . 1 »

Les Pantins Éternels, pièce en 3 actes et 6 tableaux, par MM. Clairville et Jules Dornay 1 50

Le Pavillon des Amours, comédie-vaudeville en 1 acte, par MM. Paul Mercier et Henri Vernier. . . . . 1 »

Le Pifferaro, comédie-vaudeville, par MM. Siraudin, Alfred Duru et Henri Chivot. . . . . 1 »

Le Pilotin du grand Trois-Ponts, opéra-comique en 1 acte, paroles de M. Charles Étienne, musique de M. Auguste l'Éveillé. . . . . 1 »

Les Plumes de Paon, comédie en 4 actes, par M. Louis Leroy. 2 »

Le Point de Mire, comédie en 4 actes, par MM. Labiche et et Delacour . . . . 2 »

Procédure et Cavalerie, vaudeville en 1 acte, par M. Henri Chlror et Alfred Duru . . . . 1 »

Les Projets de ma Tante, comédie en 1 acte et en prose, par M. Henry Nicolle . . . . 1 »

Les petits Oiseaux, comédie en 3 actes, par MM. Eugène Labiche et Delacour, joli vol. grand in-18. . . . . . . 2 »

Le premier Pas, comédie en 1 acte, par MM. Labiche et Delacour. . . . . 1 »

Le Propriétaire a la Porte, vaudeville en 1 acte, par M. Siraudin . . . . 1 »

Les Plantes parasites ou La vie en famille, comédie en 4 actes, par M. Arthur de Beauplan . . . . 2 »

Les Relais, comédie en 4 actes et en prose, par M. Louis Leroy. 2 »

Les Secrets du grand Albert, comédie en 2 actes, mêlée de couplets, par MM. Eugène Grangé et H. Rochefort. . 1 »

Les Scrupules de Jolivet, vaudeville en 1 acte, par M. Raimond Deslandes. . . . . 1 »

Les Voisins Vacossard, comédie-vaudeville en 1 acte, par M. Marc Michel. . . . . 1 »

Le vrai Courage, comédie en 2 actes, par MM. Adolphe Belot et Raoul Bravard. . . . . 1 » fr. c.

Coulommiers. — Typographie de A. Moussin.